Sheila Groves

SCHLEICHFUSS – DIE SCHILDKRÖTE

Band 1

Lehrreiche Tiergeschichten
zum Schmunzeln

Verlag der
Francke-Buchhandlung GmbH
Marburg an der Lahn

ISBN 3 88224 115 2

3550 Marburg an der Lahn
Originaltitel: Tortoise Tales
Übersetzung aus dem Englischen: LITERA/Rina Ben Ari
Umschlag und Textillustrationen: Diane Matthes
Gesamtherstellung:
St.-Johannis-Druckerei, 7630 Lahr-Dinglingen
Printed in Germany 16467/1979

Inhalt

Der wichtigste Vogel

Schleichfuß war eine junge Schildkröte und noch nicht lange auf der Welt. Eines Tages streckte er wieder einmal neugierig seinen Kopf aus dem Panzer heraus und fragte:
»Mama, wer ist die weiseste Person auf der Welt?«
Die Mutter brauchte nicht lange zu überlegen. »Dein Urgroßvater Eile-mit-Weile«, antwortete sie. Sie entfernte gerade einige Grasflecken von seinem Panzer. »Wie oft habe ich dir schon gesagt, daß du nicht im nassen Gras spielen sollst!«

Am nächsten Morgen, das Gras war noch naß vom Tau, machte sich Schleichfuß auf den Weg, um seinen Urgroßvater Eile-mit-Weile zu besuchen. Nach langem Suchen fand er ihn endlich unter einem Maulbeerbaum, wo er gerade sein Mittagsschläfchen hielt. Schleichfuß betrachtete seinen Urgroßvater.
Er war sehr alt. Er war knorrig wie ein Baum und hatte einen sonderbaren Panzer. Oben auf dem Panzer entdeckte Schleichfuß etwas, was wie ein Schlüsselloch aussah.
»Starr mich nicht so an, das gehört sich nicht!« ertönte plötzlich eine rauhe, schläfrige Stimme.
Schleichfuß sprang auf.
»Entschuldige bitte, Urgroßvater, aber ich dachte, du schläfst. Was ist das denn da? Hast du in deinem Panzer etwas drin?«

Eile-mit-Weile seufzte und sagte seinem Mittagsschläfchen ade. »Hol mir den Schlüssel dort drüben«, brummte er.
Schleichfuß machte den großen Schlüssel vom Maulbeerbaum los und öffnete Urgroßvaters Panzer. Dann nahm er ganz vorsichtig ein großes Bündel Blätter heraus.
»Was ist denn das?« fragte er und legte die Blätter hin.
»Das sind Geschichten«, antwortete der Großvater. »Kannst du nicht lesen?«
Schleichfuß schüttelte den Kopf.
»Liest du mir eine Geschichte vor, Urgroßvater?« bat er. Das gefiel Eile-mit-Weile sehr. Er schnüffelte ein wenig, zog dann seine Brille unter dem Panzer hervor, setzte sie umständlich auf und blickte seinen Urenkel über die Gläser hinweg an. Dann nahm er ein Blatt heraus und begann.

»Das ist die Geschichte vom Hahn. Vielleicht hast du ihn noch nicht gesehen, aber gehört hast du ihn bestimmt schon. Jeden Morgen kräht er sein Kikerikiii, und weil er so früh aufsteht, denkt er, daß alle anderen das auch tun. Er lebt in einem kleinen Haus beim Gemüsegarten. Hinter seinem Haus, in der Hecke, wohnt ein Spatz. Er ist klein und unscheinbar, nicht so prächtig gekleidet wie der Hahn mit seinem bunten Gefieder. Aber trotzdem ist dieser Spatz ein netter kleiner Kerl.
Nun, eines Tages wachte der Hahn wieder sehr früh auf. Er reckte und streckte sich, flog auf das Dach seines Hauses und stolzierte hin und her.

›Kikerikii!‹ krähte er. ›Ich singe so wundervoll, daß die Sonne davon aufgeht und alle aufstehen, um mir zuzuhören. Wenn ich nicht wäre, würden die Leute den ganzen Tag im Bett bleiben. Niemand würde arbeiten. Ich bin der wichtigste aller Vögel!‹
Mit vor Stolz geschwellter Brust krähte er nach Leibeskräften. Er krähte und krähte, bis sich alle Dorfbewohner die Ohren zuhielten, ihre Köpfe in den Kissen vergruben und versuchten, wieder einzuschlafen.
Der Spatz war von dem lauten Gekrähe natürlich aufgewacht. Er war sehr traurig.

›Warum bin ich bloß ein Spatz?‹ seufzte er. ›Wir Spatzen sind ganz gewöhnliche Vögel. Ich bin weder schön noch nützlich. Ich kann die Leute nicht wecken wie der Hahn. Ich kann sie nicht zum Lachen bringen wie der Kuckuck. Und so schön singen wie die Nachtigall kann ich schon gar nicht. Auch bin ich nicht so beliebt wie das Rotkehlchen. Niemand beachtet mich. Ich bin der allerunscheinbarste Vogel.‹

Am Nachmittag ging ein kleines Mädchen über die Wiese. Es fühlte sich sehr einsam.
›Wäre doch bloß jemand hier, mit dem ich sprechen könnte‹, dachte das Mädchen.
Doch die Tiere schliefen in der heißen Sonne. Nur der Hahn und der Spatz waren wach.
Der Hahn sah, wie sich das kleine Mädchen traurig auf einen Stein setzte und dachte: ›Ich könnte sie sicher aufmuntern, wenn ich ihr etwas vorsingen würde. Aber ich habe heute morgen so laut gesungen, daß ich ganz heiser bin und Halsschmerzen habe. Das Beste wird wohl sein, ich lege mich ins Bett und kuriere mich aus, damit ich morgen wieder fit bin.‹
Und damit flog er davon.
Auch der Spatz sah das kleine Mädchen, und er merkte, daß es ganz traurig war. ›Arme Kleine‹, dachte er. ›Was mag nur geschehen sein, daß sie so traurig ist?‹
Er flog auf den Stein neben dem Mädchen und tschirpte sanft. Das kleine Mädchen blickte zu ihm hinunter, und im Nu schien alle Traurigkeit verschwunden.
›Du bist gekommen, um mit mir zu plaudern‹, sagte sie lächelnd. ›Danke, du bist der schönste und netteste Vogel, den ich je gesehen habe.‹«

Eile-mit-Weile legte das Blatt langsam zur Seite. Dann nahm er seine Brille ab und steckte sie wieder vorsichtig unter seinen Panzer.
»Siehst du«, begann er dann, »es kommt nicht darauf an, wer du bist und wieviel Lärm du machst . . .«
». . . oder ob ich lesen kann oder nicht«, unterbrach ihn Schleichfuß.

»... wieviel Lärm du machst, wie ich schon sagte«, fuhr der Urgroßvater ernst fort. »In unserem Langen Lauf kommt es darauf an, daß das Herz am rechten Fleck sitzt.«
»Was ist das: Langer Lauf?« wollte Schleichfuß wissen. Doch der Kopf des Urgroßvaters verschwand bereits wieder in seinem Panzer. Schleichfuß verstand den Wink und kroch leise davon.

Hast du gewußt, daß Jesus einmal eine ähnliche Geschichte erzählt hat?
Sie handelte von einem Mann, der immer zur Kirche ging und allen erzählte, was für ein guter Mensch er sei. Und dann gab es da einen anderen Mann. Der wußte, daß er viele Dinge getan hatte, die nicht gut waren.
Jesus sagte, daß der zweite Mann Gott viel besser gefällt, weil dieser Mann wußte, daß er Gott für seine bösen Taten um Vergebung bitten mußte. Der erste Mann aber dachte, er sei gut genug.
Magst du den Hahn oder den Sperling lieber? Wenn wir anderen Menschen helfen – sie trösten, wenn sie einsam oder krank sind –, dann machen wir Jesus eine Freude.
Glaubst Du, daß der Hahn mit seinem eingebildeten Benehmen Jesus gefällt?

Die Geschichte mit den Nüssen

»Das wird wohl langsam zur Gewohnheit?« bemerkte Eile-mit-Weile und nahm widerwillig den großen Schlüssel vom Maulbeerbaum.
»Nein«, verteidigte sich Schleichfuß, »ich bin nicht deswegen gekommen.«
»Ach so?!« Der Urgroßvater wollte sich schon beleidigt zurückziehen, doch Schleichfuß rief hastig: »Geh bitte nicht, Urgroßvater! Ich hatte die ganze Nacht über Alpträume!«
»Du liebe Zeit! Warum denn?« fragte die alte Schildkröte ein wenig freundlicher.
»Der Lange Lauf.« Schleichfuß leckte seine Lippen.
»Was ist das, dieser Lange Lauf?« fragte Schleichfuß. Und dann fügte er hinzu: »Werden wir Schildkröten bei diesem Langen Lauf immer die letzten sein?«
Eile-mit-Weile überkam ein seltsames Zittern. Anfangs war es nur ganz leicht, doch es wurde immer heftiger, zuletzt so heftig, daß ein großes Bündel Geschichten aus seinem geöffneten Panzer herausgeschüttelt wurde. Schleichfuß sammelte die vielen Blätter schnell wieder ein, bevor der Wind sie fortwehte.
»Hahahahaha, hihihihihi, hohohooo!« Die Tränen liefen dem Urgroßvater über das Gesicht, als Schleich-

fuß mit den Geschichten zurückkam. »Du liebe Güte«, keuchte Eile-mit-Weile, »soooo gelacht habe ich schon lange nicht mehr!«

Höflich, aber ein wenig verärgert erklärte Schleichfuß, daß so ein Alptraum gar nicht zum Lachen sei.

»Natürlich nicht«, gab Eile-mit-Weile zu und nahm sich zusammen. Er wischte sich die Tränen aus dem Gesicht, räusperte sich und begann:

»Der Lange Lauf? Nun, was du heute und morgen tust – frühstücken, im nassen Gras spielen, spazierengehen, eine Geschichte hören und ein- bis zweimal wöchentlich den Panzer polieren –, das könnte man den Kurzen Lauf nennen. Mmmmmm, würde es dir etwas ausmachen, mir den Kopf zu kratzen? Nein, ein bißchen mehr nach rechts!«

»Und der Lange Lauf?« fragte Schleichfuß nach einer halben Stunde, noch immer damit beschäftigt, dem Urgroßvater den Kopf zu kratzen.

»Das wollte ich dir gerade erklären«, sagte Eile-mit-Weile, »aber hetz mich nicht so.« Nach einigen Minuten fuhr er fort:

»Der Lange Lauf ist nicht das, was heute, morgen oder nächste Woche geschieht, sondern was in Monaten, ja in Jahren geschehen wird, und . . .« – der Urgroßvater flüsterte jetzt nur noch, so daß sich Schleichfuß mit seinem Ohr ganz nah an ihn heranschieben mußte – ». . . und eines Tages werden wir unsere alten, klobigen Panzer verlieren und neue, goldene mit doppelt soviel Platz für Geschichten bekommen!«

Schleichfuß riß seine Augen weit auf. »Wirklich?« fragte er ungläubig. Er wollte noch etwas hinzufügen,

doch der Urgroßvater hatte einen Fuß erhoben, und das bedeutete: absolute Ruhe.

»Das genügt für heute«, sagte er. »Und nun reich mir eine Geschichte herüber, setz dich hin und hör gut zu.«

Schleichfuß suchte ein besonders hübsches, goldbraunes Blatt aus, gab es dem Urgroßvater und setzte sich dann in den Klee. »Ach ja« – Eile-mit-Weile betrachtete sich das Blatt nachdenklich. »Die Geschichte von Knut. Knut war ein Eichhörnchen. Du weißt ja, wie Eichhörnchen so sind. Knut bildete da keine Ausnahme. Dauernd war er damit beschäftigt, Nüsse zu sammeln, Nüsse und Bucheckern. Und was tat er damit? Essen? O nein, er hamsterte sie! Eines Tages tauchte sein Vetter Cyril bei ihm auf.

›Hast du ein paar Bucheckern übrig, alter Kumpel?‹ fragte Cyril. ›Sie sind für meine Frau, das arme Ding. Ich hatte keine Zeit zum Sammeln.‹

›Tut mir wirklich leid‹, entgegnete Knut, ›aber meinen Bucheckernhort kann ich jetzt unmöglich aufmachen. Ich habe ihn gerade erst sorgfältig verschlossen. Nächsten Monat, wenn ich ihn öffne, will ich dir gern ein paar Bucheckern geben. Und jetzt entschuldige mich bitte – ich habe zu tun, um meinen Haselnußkeller zu füllen. Noch ein paar Pfoten voll, und ich habe es geschafft.‹ Cyril ging traurig davon.
Drei Tage später kam er wieder. ›Na, wie steht's, alter Knabe?‹ fragte Knut. ›Was macht deine Frau?‹
›Sie ist tot‹, antwortete Cyril leise. ›Wir hatten nichts mehr zu essen, da ist sie verhungert.‹
›Oh!‹ Knut erschrak und schämte sich ein wenig. ›Wenn ich gewußt hätte, daß es so schlimm war . . . Warum hast du mir denn nichts gesagt?‹ fragte er vorwurfsvoll. Doch Cyril war bereits verschwunden.
Eines Tages tauchte er wieder bei Knut auf. Er hockte sich auf einen Ast und beobachtete, wie Knut seine Nüsse in der Vorratskammer verstaute.

›Warum tust du das alles?‹ wollte er wissen.
Knut hielt inne und sah ihn ganz überrascht an. ›Aber das tun doch alle! Unsereiner wird doch nach den Vorräten eingeschätzt, die er angesammelt hat. Das bin ich meinem Familiennamen schon schuldig. Wußtest du übrigens, daß ich von allen Eichhörnchen hier in der Gegend die meisten Vorräte gesammelt habe? Bald brauche ich nicht mehr zu sammeln. Dann werde ich es mir gemütlich machen und mein Leben genießen. Ich werde nie betteln gehen müssen. Ich bin versorgt.‹
Cyril schwieg einen Augenblick. Dann sagte er: ›Und an die hungrigen Eichhörnchen denkst du dabei gar nicht?‹ Nach einer Weile fügte er hinzu: ›Und was, wenn man dich fängt oder erschießt? Was hast du dann von deinen Vorräten?‹
Knut blickte den Vetter mit hochgezogenen Augenbrauen an, doch Cyril drehte sich um und hüpfte davon.«

Eile-mit-Weile legte das Blatt beiseite. »Cyril hatte ganz recht«, sagte er nach einer längeren Pause. »Aber es war nicht irgendeine Falle oder ein Gewehr, die Knut zum Verhängnis wurden. Nein, er machte einen Fehltritt, und das ist bei Eichhörnchen sehr ungewöhnlich. Er hatte seine Vorderpfoten voller Nüsse, die er nicht verlieren wollte. Er geriet aus dem Gleichgewicht und stürzte sich zu Tode. Cyril und seine neue Frau suchten tagelang nach Knuts Vorräten, aber sie fanden sie nicht.«
»Ach, diese dummen Nüsse«, sagte Schleichfuß, der zwar keine Nüsse mochte, aber alt genug war, um zu

verstehen, daß es Leute gab, die sie mochten. »Was hat er nun von all seinen Vorräten gehabt?!«
»Aha«, sagte sein Urgroßvater, »genau das ist es! Siehst du, man muß immer an den Langen Lauf denken.«
»Aber . . .«
»Morgen«, sagte Eile-mit-Weile, »oder vielleicht auch erst übermorgen. Unsereiner braucht seinen Schlaf. Diese ewigen Unterbrechungen . . .«
Bevor er seine Augen schloß, zwinkerte er Schleichfuß zu.

Jesus erzählte einmal eine Geschichte von einem Mann, der so war wie Knut. Er sammelte so viele Güter an, daß er eines Tages nicht mehr zu arbeiten brauchte und seinen Reichtum genießen konnte. Doch kaum hatte sich der reiche Mann zur Ruhe gesetzt, da starb er.
Jesus sagte zu dieser Geschichte, wir sollten mit den Dingen, die wir haben, großzügig sein und auch anderen davon etwas abgeben.
Was wollte Cyril wohl ausdrücken, als er Knut fragte: »Und an die hungrigen Eichhörnchen denkst du dabei gar nicht?«
Eile-mit-Weile sprach von einem Tag, an dem er einen neuen, goldenen Panzer haben würde. Jesus sagte, daß wir Menschen einen ganz neuen, herrlichen Körper bekommen und für immer im Himmel leben, wenn wir an ihn, an Jesus, glauben.

Balduin und die Bücher

Eile-mit-Weile öffnete vorsichtig ein Auge. Als er Schleichfuß erblickte, schloß er es schnell wieder. Doch sein Urenkel hatte bereits gemerkt, daß er sich nur schlafend stellte.
»Urgroßvater, das ist doch nicht fair«, protestierte Schleichfuß
»Was ist nicht fair?« Die alte Schildkröte seufzte.
»Immer-vergnügt und ich haben ein Schneckenrennen veranstaltet«, berichtete Schleichfuß, »und dabei hat Immer-vergnügt meine Schnecke einfach zertre-

ten, und zwar absichtlich. Dabei war es meine schnellste Schnecke. Ich hatte sie schon ewig.«
»Das macht doch nichts«, brummte der Urgroßvater. Eine Weile verstrich, dann fügte er hinzu: »Meinst du, daß sowas beim Langen Lauf zählt?«

»Du meinst, wenn wir eines Tages unsere wunderschönen goldenen Panzer haben werden?« erinnerte sich Schleichfuß. Die kleine Schildkröte überlegte, dann sagte sie: »Nein, ich glaube nicht, daß das beim Langen Lauf zählt, Urgroßvater. Aber woher weiß ich eigentlich, was dieser Lange Lauf alles für mich bringen wird? Ich weiß ja noch nicht einmal, was morgen geschehen wird. Ich weiß nur, daß morgen Badetag ist. Woher also soll ich wissen, was richtig und was falsch ist?«

»Die Bücher ...« überlegte der Urgroßvater laut.

»Bücher?« Schleichfuß kam sich sehr jung und unwissend vor. »Welche Bücher?«

Eile-mit-Weile kaute an einem Grashalm. »Na, die Bücher eben«, antwortete er ein wenig ungeduldig. »Diese Geschichten, die ich dir erzähle, stammen alle aus Büchern. Sie werden von einer Generation zur anderen weitergegeben.«

»Und wer hat die Geschichten geschrieben?« wollte Schleichfuß nun wissen.
»Nun tu doch nicht so, als wüßtest du nicht, woher die Geschichten kommen«, brummte der Urgroßvater.
Das verstand Schleichfuß nun überhaupt nicht. Woher sollte er denn wissen, wer diese Geschichten einmal niedergeschrieben hatte? Er wußte nur, daß jede Geschichte, die der Urgroßvater ihm erzählte, auf einem Blatt stand, das irgendwann einmal an einem Baum gehangen hatte. Und das sagte er nun auch:
»Bäume – deine Geschichten kommen von den Bäumen.« Schleichfuß war stolz, daß er das herausgefunden hatte. Doch nun fragte der Urgroßvater:
»Und wo kommen die Bäume her?«
»Sie sind einfach da«, antwortete Schleichfuß verwundert.
»Aber irgend jemand hat sie doch wachsen lassen«, meinte Eile-mit-Weile. »Und dieser Jemand hat auch die Bücher geschrieben«, fügte er triumphierend hinzu.
Es entstand eine lange Pause.
Endlich sagte Schleichfuß: »Dann wäre es aber das Beste, jeder würde die Bücher lesen. Denn in den Büchern steht ja, was richtig und was falsch ist.« Die kleine Schildkröte überlegte eine Weile und sagte dann ein wenig traurig: »Aber ich kann doch nicht lesen. Du mußt mir die Geschichten vorlesen, Urgroßvater!«
Also holte Eile-mit-Weile wieder einmal ein Blatt aus seinem Panzer hervor und setzte seine Brille auf. Doch bevor er begann, blickte er Schleichfuß über den Rand seiner Brille hinweg an und sagte: »Um

diese Geschichten zu verstehen, muß man schon mehr können, als bloß lesen. Also hör gut zu!«
Er räusperte sich und begann.

»Balduin war sehr gelehrt und wohnte unter einem Maulwurfshügel – oder genauer gesagt: unter einem halben Dutzend Maulwurfshügeln – im Schatten eines der größten Schlösser am Rhein. Balduin hatte viel studiert, und das sah man ihm in seiner staubigen Jacke und mit seiner goldumrandeten Brille auch an. Er besaß die größte Geschichten-Sammlung im Umkreis von einigen Kilometern. Und jeden Morgen nach dem Aufstehen und jeden Abend vor dem Zubettgehen las er eine dieser Geschichten. Er unterrichtete sogar Privatschüler, so gelehrt war er.
Eines Tages hörte Balduin Schritte vor seiner Haustür. Ein leises Klopfen ertönte. Balduin lief zur Tür und öffnete.
Er hatte seinen Besucher nie zuvor gesehen. Es war ein junger Maulwurf, ein Student, vermutete Balduin, als er seine schäbigen Kleider und das zerzauste Fell sah. Der Besucher sprach sehr höflich.
›Ich bin Werper‹, stellte er sich vor. ›Ich habe gehört, daß Sie sehr gelehrt sind und alle Geschichten aus den Büchern kennen.‹
Balduin bat ihn herein. Sogleich führte er ihn in die Bibliothek. Werper sah sich genau um, dann nickte er anerkennend.
›Ich sehe, Sie haben die vollständige Sammlung der Hahn-Geschichten‹, bemerkte er. ›Und hier ist sogar die Geschichte vom Stachelschwein – ein sehr seltenes Exemplar.‹

Balduin war beeindruckt.
›Es gibt nur sehr wenige Leute, die diese Geschichte kennen‹, sagte er. ›Woher wissen Sie von ihr?‹
Doch Werper lächelte nur.
Balduin nahm seine Brille ab und putzte sie nervös. Dann blickte er seinen Gast prüfend an und sagte: ›Sagen Sie mal – aber nein, das werden Sie nicht wissen . . .‹
›Was denn?‹ wollte Werper wissen.
›Das Ende der berühmten, angeblich unvollendeten Geschichte vom Fuchs und dem Stern‹, sagte Balduin nachdenklich. ›Aber das kennt niemand.‹
Werper blickte seinen Gastgeber seltsam durchdringend an, dann – erzählte er ihm das Ende der Geschichte vom Fuchs und dem Stern.
Balduin starrte sein Gegenüber ungläubig an. ›Aber – aber‹, stotterte er endlich, ›dann sind Sie ja gar nicht – und ich dachte schon . . .‹
Verlegen klopfte sich Balduin etwas Staub von der Weste. Dann schaute er respektvoll zu Werper auf.
›In diesem Fall – können Sie mir sagen, wie ein Maulwurf leben soll, Herr Werper?‹ fragte er.
Werper deutete auf die Bücher und sagte: ›Dort in den Büchern finden Sie alles, was Sie wissen wollen.‹
Balduin war enttäuscht.
›Ach, die Geschichten‹, murmelte er, ›die kenne ich in- und auswendig.‹
›Das mag schon sein‹, entgegnete Werper, ›doch verhalten Sie sich auch so, wie es in den Geschichten steht?‹
Balduin ließ sich in seinen von Motten zerfressenen Sessel fallen.
›Ich versuche es‹, sagte er ehrlich.

›Wirklich?‹ Werper schaute Balduin scharf an. ›Würden Sie Ihre Bibliothek aufgeben und wie ich herumreisen, um den Leuten zu erzählen, was in den Büchern steht? Allerdings würde Sie dann niemand mehr bewundern. Sie wären nicht mehr der gelehrte Herr Balduin. Man würde Sie bloß für einen heruntergekommenen Studenten halten . . .‹

Balduin errötete. Dann schaute er liebevoll auf seine vielen Bücher. Eine Weile saß er gedankenverloren in seinem Sessel. Als er endlich aufblickte, war Werper verschwunden. Balduin erschrak, denn er hatte seinen Besucher nicht fortgehen hören. Schließlich

schüttelte er den Kopf, putzte seine Brille und ging daran, die Sammlung seiner Löwengeschichten neu zu ordnen.«

Eile-mit-Weile saß einen Augenblick wortlos da. »Das Lesen allein macht's also nicht«, belehrte er Schleichfuß. »Es ist auch wichtig, daß wir richtig handeln.« Der Urgroßvater blickte nachdenklich. »Eigentlich eine traurige Geschichte«, seufzte er. »Aber Maulwürfe sind immer so kurzsichtig.«
»Meinst du damit, daß sie bloß immer den Kurzen Lauf sehen?« fragte Schleichfuß.
Der Urgroßvater blickte ihn freudig und erstaunt zugleich an. »Ja«, nickte er dann, »so könnte man es auch sagen.«
»Aber wer war denn Werper?« wollte Schleichfuß nun wissen. »War er . . . könnte er . . . hat er?«
Eile-mit-Weile wiegte seinen Kopf hin und her und verstaute seine Brille wieder sorgfältig unter seinem Panzer.
»Es gibt Dinge im Leben«, sagte er, »die du selbst herausfinden mußt.«

Schleichfuß mußte die Bücher der Schildkröten kennenlernen, um zu wissen, wie er leben sollte. Wir Menschen müssen die Bibel kennenlernen.
Hast Du gewußt, daß die Bibel eigentlich aus 66 Büchern besteht? 40 verschiedene Männer haben an ihr geschrieben. Doch jedesmal war es Gott, der all den Männern sagte, was sie schreiben sollten. Gott sorgte auch dafür, daß nichts von diesen biblischen Büchern verloren ging.
Jesus erzählte einmal die Geschichte von einem Mann, der überfallen und ausgeraubt wurde. Er lag auf der Straße und konnte sich vor Schmerzen nicht rühren. Da gingen zwei fromme Männer vorbei. Sie kannten die Bibel – sie wußten, daß sie diesem Mann helfen mußten. Doch sie taten es nicht – sie gingen vorüber.
Es reicht nicht, daß wir die Bibel lesen. Wir müssen auch tun, was dort gesagt wird. Jesus sagte: Wer Gottes Wort hört und danach handelt, der wird glücklich sein.
Glaubst Du, daß Balduin glücklich war?

Herbert und der Otter

»Du bist ja kaum noch zu Hause!« Die Mutter von Schleichfuß wußte nicht, ob sie erfreut oder traurig darüber sein sollte. »Wir werden deinen Urgroßvater wohl oder übel zu uns einladen müssen, du überanstrengst dich sonst. Warte, ich werde ihm schnell einen Brief schreiben, den du ihm dann bringen kannst.«

Sie nahm ein Margeritenblatt, schrieb ein paar Worte darauf und gab es Schleichfuß. »Aber vergiß nicht, es abzugeben«, mahnte sie.

Schleichfuß machte sich auf den Weg. Nach einigen Stunden fand er den Urgroßvater, der sich gerade über den Teich neben dem Maulbeerbaum beugte, um sein Spiegelbild zu bewundern.

»Diese Wellen«, schimpfte er, »lassen mich wie einen alten Mann aussehen.«

Schleichfuß fand es nicht angebracht, darauf hinzuweisen, daß der Teich spiegelglatt war. Statt dessen sagte er:

»Liest du mir heute wieder eine Geschichte vor, Urgroßvater? Aber bitte eine ganz schöne!«

»Die Geschichten sind alle schön«, brummte Eile-mit-Weile gereizt. »Unschöne Geschichten würden mir gar nicht erst ins Haus kommen.«

Es dauerte dann aber noch über eine Stunde, ehe sie bereit waren, denn Schleichfuß hatte den großen Schlüssel in den Teich fallen lassen. Sie mußten warten, bis er wieder trocken war, erst dann konnten sie das Schloß öffnen. Aber Schildkröten haben ja unendlich viel Zeit und ebenso viel Geduld. Und deshalb war die Sache mit dem Schlüssel nicht weiter schlimm.
»So«, hörte man schließlich die Stimme des Urgroßvaters, »jetzt kann's losgehen.« Behutsam holte er ein großes, goldenes Blatt heraus. Es schien schon sehr alt zu sein. Es war so abgegriffen, daß es eigentlich nur noch das Skelett eines Blattes war.
Schleichfuß setzte sich. Seine Hinterbeine baumelten über den Teichrand. Es war immer noch sehr heiß. Schleichfuß spitzte die Ohren.

»Vor langer Zeit«, begann der Urgroßvater, »lebte in einer kleinen Höhle am Fluß eine Familie Wasserspitzmäuse. Ein Mitglied dieser Familie hieß Herbert, und von diesem Herbert will ich dir heute erzählen. Er war der älteste Junge und voller Abenteuerlust. Am

Flußufer wohnte auch ein Otter; er schien ein stiller, freundlicher Geselle zu sein. Aber man ist vor jemandem, der so viel größer und stärker ist, doch nie ganz sicher. Herbert und seine Familie gingen dem Otter deshalb lieber aus dem Weg.
Eines Abends ging Herbert in den Fluß, um Libellenlarven und andere Delikatessen zu fangen. Er war so beschäftigt, daß er ganz vergaß, wie weit er sich schon von zu Hause entfernt hatte. Plötzlich mußte er zu seinem Schrecken feststellen, daß er in einer völlig fremden Gegend war.
›Hilfe!‹ quiekte er. ›Vater! Hubert! Willy! Walter!‹ Doch sein Quieken wurde vom Abendwind fortgetragen. Niemand hörte ihn.

Plötzlich ertönte zu seiner Rechten ein lautes Geräusch und dann ein Plätschern. Herbert kannte dieses Geräusch. Ein Otter rutschte die schlammige Böschung hinunter in den Fluß.

Unser Herbert erschrak natürlich furchtbar. Ein Otter im Fluß! Doch dann konnte er wieder aufatmen, denn der Otter verzog sich flußabwärts. Herbert machte sich sofort auf den Weg nach Hause, wo er von seiner Mutter tüchtig ausgescholten wurde.«

Eile-mit-Weile hielt kurz inne und wandte sich seinem Urenkel zu.

»Nun denkst du bestimmt«, sagte er, »daß der kleine Abenteurer beim nächsten Mal vorsichtiger war. Oh nein, ganz und gar nicht! Ein paar Tage später passierte es dann . . .«

»Was passierte?« drängte Schleichfuß ganz gespannt.

»Das wollte ich dir ja gerade erzählen«, antwortete der Urgroßvater und wendete das Blatt langsam und vorsichtig um. »Immer schön der Reihe nach.«

Eile-mit-Weile betrachtete sich die Rückseite des Blattes nachdenklich und mit leichtem Kopfnicken, dann fuhr er fort.

»Herbert war also wieder im Fluß. Er schwamm und tauchte eine Zeitlang vergnügt, bis er plötzlich wieder merkte, daß er die Gegend noch nie zuvor gesehen hatte. Es war also wieder einmal soweit. Nichts, was er sah, kam ihm vertraut vor. Er sah überhaupt nicht viel. ›Wahrscheinlich‹, so sagte er sich, ›bin ich in eine Strömung geraten und ziemlich weit abgetrieben. Nur keine Panik!‹

Plötzlich sah er eine schwarze, schlanke Form durchs Wasser gleiten. Der Otter! Zuerst wollte Herbert fliehen, doch er war zu klein und zudem ganz erschöpft vom vielen Herumschwimmen. So nahm er sich ein Herz, räusperte sich, und als der Otter nahe genug heran war, quiekte er: ›Entschuldigen Sie bitte, Herr

Otter, aber könnten Sie mir wohl freundlicherweise den Weg nach Hause zeigen?‹

Der Otter hielt inne und betrachtete sich die kleine Maus. Er hatte große, leuchtende Augen, seine Nase war glänzend schwarz. Als er nun sprach, klang seine Stimme zwar ein wenig schroff, aber trotzdem recht nett:

›Ich kenne Sie, junger Mann. Wir sind doch fast Nachbarn. Sie befinden sich aber ziemlich weit von zu Hause!‹

›Wie weit ist es denn?‹ wollte Herbert schüchtern wissen.

Der Otter deutete in die Richtung, aus der er gekommen war. ›Das schaffen Sie nie‹, bemerkte er mit einem Blick auf Herberts verzweifelt paddelnden Vorderpfoten. ›Steigen Sie auf, ich bringe Sie hin.‹

Herbert war sich nicht sicher, ob er wach war oder träumte, als der Otter ihn nun auf seinen breiten Schwanz setzte und sie stromaufwärts schwammen. Einmal hielt der Otter kurz an, um zu verschnaufen. Dann schoß er mit einem Grunzen, das wie ›Menschen!‹ klang, weiter durch das Wasser.

Seine Familie glaubte Herbert nicht, als er, nachdem er vom Otter an der Haustür abgeladen worden war, ins Haus stürmte, um alles zu erzählen. Seine Mutter schickte ihn schnurstracks ins Bett.

›Zur Strafe‹, schalt sie, ›weil du uns solche Märchen erzählst!‹

Vielleicht war es ganz gut, daß Herbert ins Bett mußte, denn so konnte er nicht sehen, was mit dem Otter passierte, als er wieder zurückschwamm.

›Dacht' ich mir's doch, daß er zurückkommt‹, sagte

eine rauhe, triumphierende Männerstimme vom Ufer. ›Ich habe ihn erwischt!‹
›Schade‹, bemerkte Herberts Vater bedauernd, als er nach einigen Wochen merkte, daß kein Otter mehr am Fluß wohnte. ›Irgendwie, fand ich, war er ein ruhiger, netter Kerl. Trotzdem muß ich zugeben, daß ich mich jetzt wesentlich sicherer fühle.‹
Als Herbert jedoch hörte, was geschehen war, weinte er tagelang. Er begann Otterngeschichten zu sammeln, so daß die Familie schließlich dachte, er sei verrückt geworden. Doch Herbert wußte, warum er das tat.«
Schleichfuß hoffte, daß der Urgroßvater die Träne nicht bemerkt hatte, die eben von seinem kleinen

Schildkrötenauge in den Teich gekollert war. Lange saßen die beiden schweigend da.
Schließlich machte sich Schleichfuß langsam auf den Nachhauseweg. Er war schon an der Haustür angelangt, als er sich an die Einladung erinnerte, die er seinem Urgroßvater hatte bringen sollen. Sie steckte immer noch unter seinem Panzer . . .

Herbert und seine Familie fürchteten sich vor dem Otter, weil er größer und stärker war als sie. Sie verstanden nicht, warum er sich um sie kümmerte.
Gott ist viel größer und stärker als wir, aber wir brauchen uns nicht vor ihm zu fürchten, denn er liebt uns sehr.
Jesus erzählte einmal eine Geschichte von einem Hirten, der hundert Schafe hatte. Da ging ihm eines Tages ein Schaf verloren. Der Hirte ließ die neunundneunzig auf der Weide zurück und suchte das verlorene Schaf überall, bis er es gefunden hatte. Der Hirte hätte auf der Suche ja sogar sterben können, zum Beispiel, wenn ihn ein wildes Tier angefallen hätte. Jesus sagte: Der gute Hirte ist bereit, für seine Schafe zu sterben.
Ob wohl der Otter wußte, daß ihn die Männer fangen würden? Wenn ja, warum half er Herbert trotzdem?
Jesus wußte, daß er am Kreuz sterben würde, und trotzdem ging er seinen Weg unbeirrt weiter. Er wußte, daß dies die einzige Möglichkeit war, uns Menschen vor der Strafe der Sünde zu retten. Jesus ist der gute Hirte, der für uns, seine Schafe, starb.

Igel-Gesetze

»Wirklich, du würdest noch deinen Panzer vergessen, wenn er nicht angewachsen wäre!« Die Mutter von Schleichfuß war trotz ihrer Schimpferei nicht ernstlich böse, denn sie selbst vergaß auch hier und da etwas. (So geht es allen Schildkröten, und deshalb sind ihre Panzer auch angewachsen.)
»Das Beste wird wohl sein, du stehst morgen ganz früh auf, bringst dem Urgroßvater die Einladung und nimmst ihn gleich mit.«

Schleichfuß seufzte. Seit Tagen schon schmerzten ihn die Füße, doch er durfte nicht jammern, denn schließlich war er ja selber schuld daran.
Und so machte sich Schleichfuß ganz früh am nächsten Morgen, noch ehe der Tau gefallen war und bevor er seine Augen richtig offen hatte, auf den Weg zu Eile-mit-Weiles Maulbeerbaum.
»Nicht trödeln, verstanden?!« rief ihm die Mutter noch nach. »Und nicht im feuchten Gras herumlau-

fen, keine Salatblätter suchen und keine Geschichten, bis ihr zurück seid!«
»Ist ja schon gut«, brummte Schleichfuß.
Es war bereits Mittag, als er den Maulbeerbaum erreichte. Der Urgroßvater verzehrte gerade einen leichten Imbiß.
»Setz dich, setz dich und bedien' dich«, begrüßte Eile-mit-Weile seinen Urenkel und wies dabei mit dem Fuß einladend auf die grünen Blätter ringsum.
»Du bist aber früh heute.«
Schleichfuß bediente sich und erklärte sein frühes Erscheinen.
»Eingeladen? Ich?« Eile-mit-Weile war ganz offensichtlich freudig überrascht. »Und wir werden ... eh ... gleich erwartet?«
Schleichfuß nickte ernst. »Kein Herumtrödeln, kein Herumschlendern im nassen Gras, keinen Salat und keine Geschichten, bis wir zurück sind«, wiederholte er die Anweisungen der Mutter.
Eile-mit-Weile kaute an seinem Nachtisch.
»Oh, diese Mütter«, sagte er augenzwinkernd zu seinem Urenkel. »Aber was würde man ohne sie machen?!«
»Warum verbieten sie bloß immer so viel?« wollte Schleichfuß vom Urgroßvater wissen.
Eile-mit-Weile wiegte seinen Kopf nachdenklich hin und her.

»Weißt du«, begann er nach ein paar Minuten, »das Leben ist hart, und da muß man zuweilen Nein sagen. Ohne die vielen Neins deiner Mutter würdest du die Jas nicht verstehen. Laß mich mal nachdenken. Hol mir doch mal den Schlüssel, Junge.«
Schleichfuß hütete sich natürlich, dem Urgroßvater noch einmal zu sagen, daß die Mutter »keine Geschichten« gesagt hatte. Er setzte sich hin, ließ seine schmerzenden Füße in einer Pfütze baumeln und schloß die Augen.
Eile-mit-Weile begann.

»Die Igel waren ganz aus dem Häuschen. Sowas hatte es noch nie gegeben! Als der alte Stachel zum ersten Mal von dem Jungen erzählt hatte, hatten sie kaum hingehört, weil sie ihm ja doch nicht geglaubt hatten. Aber dieses Mal hatten es auch noch andere Igel gehört und gesehen. Es mußte also etwas dran sein.
›Wie konntest du denn verstehen, was er sagte?‹ wollte Stachelbürste, ein alter, grauer Igel, wissen, der schon immer eine Art inoffizieller Führer der Hüttengruppe gewesen war.
›Ehrlich gesagt, das kann ich dir nicht sagen‹, gab Pieker, eines der jüngeren Mitglieder der Gruppe um Stachel, ohne Umschweife zu. ›Ich bin nicht mal si-

cher, ob er unsere Sprache gesprochen hat, aber ich weiß trotzdem ganz genau, was er gesagt hat.‹
Stachelbürste schüttelte den Kopf.
›Nein‹, sagte er schließlich, ›ich glaube es einfach nicht. So einfach kann es unmöglich sein.‹ Er blickte die jungen Igel an, die irgendwann einmal seine Schüler gewesen waren, und mahnte: ›Laßt euch nicht verführen. Wir kennen doch die Hütte:

Fest gebaut aus schweren Steinen,
keine Fenster in der Wand,
keine Türe zum Entweichen,
ist die Hütte uns bekannt.‹

Die jungen Igel nickten, als sie den bekannten Vers hörten.
›Und was ist denn nun in der Hütte, Nadelkissen?‹ Die alte Stachelbürste liebte es, den Schulmeister zu spielen.
Nadelkissen, einer der jungen Igel, antwortete prompt: ›Brot und Milch. Und frischgetrocknete Blätter.‹
›Ja, ja!‹ Pieker und die anderen nickten und schnauften und schnarchten ganz ungeduldig. ›Das alles ist da drin!‹ bestätigten sie. ›Der Junge hat es uns gesagt. Und er hat noch mehr gesagt, nämlich, wie man in die Hütte hineinkommt.‹

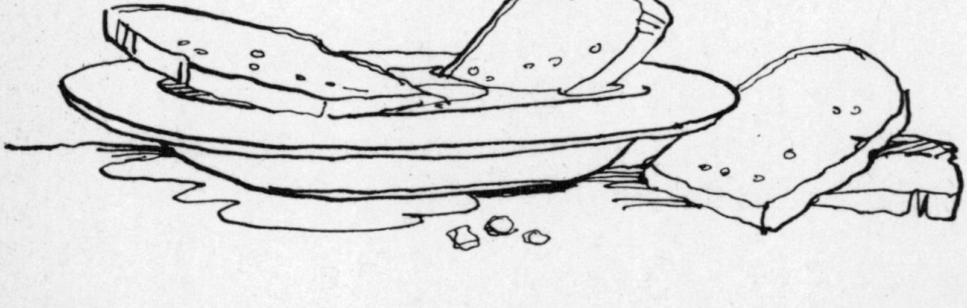

Stachelbürste zog seinen Kopf leicht ein und stellte seine Stacheln auf.

›Nein, nein und nochmals nein!‹ schnarrte er. ›Der Weg in die Hütte führt nur über die uns längst bekannten Dinge: keinem das Essen stehlen, nicht auf den Alten und Blinden herumtrampeln, seinen Nachbarn nicht pieken und nicht an der Hütte kratzen. Befolgt diese Gesetze, und ihr werdet eines Tages in der Hütte sein.‹

›Nein, nein, nein!‹ Pieker wurde ungeduldig. ›Warum glaubst du uns denn nicht, daß es eine Tür und zu der Tür einen Schlüssel gibt? Das ist doch viel einfacher!‹

›Hast du denn die Tür und den Schlüssel gesehen?‹ wollte Stachelbürste wissen.

›Nun, eigentlich nicht‹, gab Pieker zu. ›Aber der Junge hat gesagt, wir könnten den Schlüssel jederzeit haben.‹

Nadelkissen trippelte zu Stachelbürste hinüber und schmiegte sich an ihn.

›Sieh mal‹, sagte sie, ›warum sollte uns der Junge wohl den Schlüssel geben, hm? Ich sage dir, das ganze ist eine Falle! Bestimmt will er zum Mittagessen geröstete Igel haben. Was weiß er denn von der Hütte?‹

›Er sagt, er hätte sie gebaut‹, antwortete Pieker schnell.

Die alte Stachelbürste warf ihren Kopf zurück.

›Zu schön um wahr zu sein!‹ schnarchte er. ›Seht mich an! Ich habe noch nie gestohlen, noch nie jemanden gestochen oder getreten oder gekratzt; sowas muß doch zählen!‹

Und damit rollte er sich zu einer Kugel zusammen und ließ sich von der Diskussion fortkullern.
Unterdessen versuchte Pieker, eine Gruppe zu sammeln, mit der er am nächsten Abend zu dem Jungen gehen konnte. Doch einer nach dem anderen entschuldigte sich und trollte sich davon, zu Stachelbürste. Pieker betrachtete sich die kleine Gruppe, die üb-

riggeblieben war, und seine trüben Augen strahlten im Mondlicht.
›Ihr werdet sehen‹, sagte er mit einer Stimme, die vor Aufregung zitterte. ›Oh ja, ihr werdet schon sehen . . .‹«

Eile-mit-Weile schwieg so lange, daß Schleichfuß es schließlich nicht mehr aushalten konnte.
»Und?« fragte er den Urgroßvater. »Haben Sie es gesehen?«
»Was gesehen?« fragte Eile-mit-Weile abwesend.
»In der Hütte!« erinnerte ihn Schleichfuß. »Brot und Milch und das alles!«
»Oh ja«, sagte der Urgroßvater gedehnt, »das und noch viel mehr.«
Vorsichtig steckte er das Blatt wieder in seinen Panzer.
»Viel mehr! Aber wir müssen jetzt gehen, Junge,

sonst wird uns deine Mutter in Stücke reißen. Also los, ab geht die Post!«

Und damit kroch er los, natürlich in die falsche Richtung. Schleichfuß jagte hinter ihm her.

»Hier geht's lang, Urgroßvater! Sag mal, war da wirklich eine Tür, und hat der Junge den Igeln wirklich den Schlüssel gegeben?«

»Natürlich«, antwortete der Urgroßvater. »Aber jetzt rede nicht soviel. Spare dir deine Puste, du wirst sie noch brauchen.«

Schleichfuß gehorchte.

Jesus erzählte einmal die Geschichte eines Mannes, der ein riesiges Fest vorbereitet und viele Leute dazu eingeladen hatte. Doch einer nach dem anderen entschuldigte sich, wie die Igel. Es schien zu schön um wahr zu sein.
Jesus sagte, daß wir nicht dadurch in den Himmel kommen, daß wir viele Gesetze halten. Er sagte: Wer an mich glaubt, der wird in den Himmel kommen. Der Himmel ist ein Geschenk Gottes an alle, die an Jesus glauben.
Manchmal kommt uns das Christsein so vor wie eine lange Liste von »Du sollst« und »Du sollst nicht«. Doch es gibt etwas viel Wichtigeres als all die vielen Gesetze. Alles, was wir tun, soll ein »Danke« dafür sein, daß Gott uns den Himmel schenken will.

Der Fuchs, der nicht vergeben wollte

Es dauerte nicht lange, und die Mutter von Schleichfuß bereute es, den Urgroßvater eingeladen zu haben. Nicht daß er schwierig gewesen wäre – wirklich nicht –, doch er war schrecklich langsam. Alles schien doppelt so lange zu dauern, auch die Gutenachtgeschichten für Schleichfuß. Als die Mutter all das ihrem Mann erzählte, blickte Immer-mit-der-Ruhe sie erstaunt an und sagte:

»Warum bloß immer diese Hetzerei?! Morgen ist so gut wie heute – vielleicht sogar besser. Heutzutage wird in der Welt viel zuviel gehetzt. Mach dir mal keine Sorgen.«

Schleichfuß war natürlich vollauf zufrieden. Sogar das Zubettgehen machte ihm jetzt Spaß, ja, er freute sich richtig darauf. Und Eile-mit-Weile, der zwar immer meckerte, weil er nicht in seiner gewohnten Umgebung war, liebte die Gutenachtzeremonie ebenfalls sehr und hatte seine Freude daran.

»Gut so, mein Junge«, pflegte er zu sagen, wenn sich Schleichfuß in das Gras und die trockenen Blätter gekuschelt hatte.

»Was soll es heute abend sein?«

»Hast du auch eine Geschichte von einem Fuchs?« wollte Schleichfuß wissen.

Eile-mit-Weile rumorte in seinem Panzer herum und förderte dann ein rotbraunes Blatt mit Eselsohren zu Tage.
Schleichfuß guckte dem Urgroßvater über die Schulter und sagte: »Es war einmal . . .«
Der Urgroßvater blickte ihn prüfend an. »Das steht nicht hier. Du wirst schon noch lesen lernen. Doch gib nie mit Dingen an, von denen du nichts verstehst. Das ist im Langen Lauf zu nichts nütze.«
Schleichfuß errötete – so wie eben Schildkröten erröten können – und zog dann die Blätterdecke ein wenig fester um sich.
Der Urgroßvater begann.

»Fritz trottete die Hecke entlang. Kein Mensch hätte ihm angesehen, daß er Sorgen hatte. Doch in seinem Gehirn arbeitete es auf Hochtouren.
›Ich könnte Wolf vorschlagen, ihm die Schuld zu bezahlen, wenn Tante Schlau stirbt und ich ihr ganzes Geld erbe . . . oder wenn ich mein Buch geschrieben habe und es für ein paar tausend Mark verkauft habe . . . dummerweise habe ich aber noch nicht damit begonnen . . . oder ich gehe zu Vetter Hühnerdieb und leihe mir das Geld . . . Doch er wird mir nicht glauben, dazu ist er viel zu schlau . . .‹
Fritz schnappte nervös nach einem Schmetterling und schaute auf die Uhr.
›Junge, Junge, was soll ich Wolf bloß sagen? Irgendwie muß ich mich da herausreden . . . Es ist wohl besser, ich sage ihm, daß meine Kinder barfuß gehen müssen, daß meine Frau anderer Leute Bau putzen muß und wir von verfaultem Gemüse und was sonst

so in Mülleimern liegt leben. Oh, da bin ich ja schon . . .‹
Wolf kam ihm entgegen. Obwohl seine Nase spitz und seine Zähne scharf waren, ließen das zottige Fell und der Anflug von Traurigkeit in seinen Augen ihn etwas weniger gefährlich erscheinen. Doch für Fritz war Wolf das schrecklichste Tier auf Erden.
›Nun?‹ Wolf brauchte Fritz bloß anzusehen, und er wußte Bescheid. ›Du hast mein Geld nicht dabei, stimmt's?‹
Im Nu waren all die schönen Geschichten, die Fritz sich ausgedacht hatte, verflogen. Ohne zu wissen, was er tat, warf er sich Wolf zu Füßen und vergrub seine Nase in seinen Pfoten.
›Herr Wolf, ich werde Ihnen die Wahrheit sagen – ich

habe das Geld nicht und weiß auch nicht, wo ich es hernehmen soll. Die ganze Familie hat all ihr Erspartes zusammengelegt, aber es sind bloß 20 Mark zusammengekommen. Es bleiben also immer noch 980 Mark übrig. Meine Kinder haben nicht genug zu essen, und meine Frau hat seit sechs Jahren keinen neuen Mantel mehr bekommen.‹
Erwartungsvoll blickte Fritz zu Wolf auf.
›Ich werde die Schuld bezahlen‹, versprach er, ›und wenn ich für den Rest meines Lebens zahlen muß und aus Mülleimern leben muß. Aber geben Sie mir bitte Zeit, Herr Wolf. Bitte töten Sie mich nicht!‹
Wolf blickte traurig auf Fritz hinunter, dann holte er tief Luft.
›Steh auf, Fritz‹, sagte er endlich. ›Du wirst es nie bezahlen können, das weißt du ganz genau. Wenn es bloß hundert Mark wären – aber tausend! Das schaffst du nie! Es hat deshalb keinen Sinn, die Frist zu verlängern, oder?‹
Fritz schüttelte gedemütigt den Kopf; er wagte nicht mehr, Wolf anzublicken.
›Es gibt also nur eine Lösung‹, fuhr Wolf fort.
Fritz begann am ganzen Körper zu zittern.
›Ich vergesse einfach, daß du mir tausend Mark schuldest‹, sagte Wolf leise. ›Wir werden neu beginnen, als ob nichts geschehen wäre.‹
Zuerst glaubte Fritz, seinen Ohren nicht zu trauen. Die Schuld einfach vergessen? Blitzschnell war alle Angst verschwunden. Er sprang auf.
›Oh, vielen Dank, Herr Wolf! Ich werde Ihnen das nie vergessen! Ich werde alles für Sie tun – alles, was Sie verlangen! Und ich werde allen sagen, wie großzügig Sie sind!‹

Jubelnd tanzte Fritz die Hecke entlang. Vor Freude spielte er mit den Schmetterlingen und tanzte über Maulwurfshügel. Doch plötzlich kam ihm etwas in den Sinn. Mit einem Grinsen auf dem Gesicht trottete er schnurstracks auf das nächste Feld.
›Kusine Frieda!‹ Er klopfte laut an eine kleine hölzerne Tür. Ein ängstliches Gesichtchen erschien.
›Du schuldest mir noch zwanzig Mark! Raus damit, oder ich mache eine Pelzkappe aus dir!‹
›Oh, Fritz, bitte laß mir noch ein paar Tage Zeit! Am Freitag bekomme ich mein Geld, dann gebe ich dir die zwanzig Mark. Es ist ja auch erst drei Tage her!‹

›Nicht eine Minute länger! Solche Leute wie dich kenne ich! Raus! Los, verschwinde! Und wage nicht, dich hier nochmal blicken zu lassen!‹
Und damit jagte er sie durch das Feld in den Wald hinein.«

»Wie schrecklich!« Schleichfuß setzte sich empört im Bett auf. »Und das nach allem, was Wolf für ihn getan hatte!«
»Ich sehe«, sagte Eile-mit-Weile mit anerkennendem Kopfnicken, »daß du wieder einmal verstanden hast, worauf es bei der Geschichte ankam.«
Dann beugte sich der Urgroßvater ganz dicht über Schleichfuß und flüsterte: »Man erzählt sich aber, daß Wolfs Frau später ein wunderschönes Fuchsfell trug, das genau dieselbe Farbe wie Fritzens Schwanz hatte . . .«

Jesus erzählte einmal die Geschichte von einem Knecht, der seinem Herrn eine Menge Geld schuldete. Der Herr beschloß, ihm die Schuld zu erlassen. Doch der Knecht ging schnurstracks zu einem anderen Knecht, der ihm bloß ein paar Mark schuldete, und verlangte sein Geld. Sein Herr war natürlich wütend und warf den undankbaren Knecht ins Gefängnis.
Wir dürfen nicht erwarten, daß Gott uns vergibt, wenn wir nicht bereit sind, anderen Menschen zu vergeben.
Jesus lehrte uns zu beten: Vergib uns unsere Schuld, wie auch wir vergeben unseren Schuldnern.
Wofür sollten wir Gott um Vergebung bitten?
Gibt es Dinge, die wir anderen Menschen vergeben sollten?
Als Petrus den Herrn Jesus fragte, wie oft er anderen Menschen denn vergeben müsse, da antwortete Jesus: »Siebzig mal sieben!« Das heißt: immer!

Ein Gedächtnis wie ein Kaninchen

Schleichfuß war in Ungnade gefallen. Er war auf einen Botengang geschickt worden, und zwar auf einen sehr wichtigen, wie die Mutter wiederholte Male betont hatte. Er hatte starken Butterblumensaft für den Urgroßvater besorgen sollen, denn seit Herbstbeginn war Eile-mit-Weile wieder von seinem Rheuma geplagt worden.
Schleichfuß hatte sich voller guter Vorsätze auf den Weg gemacht. Doch unterwegs hatte er dann seinen Freund Leichtfuß getroffen, und der hatte ihn zur Käferjagd eingeladen. Natürlich war Schleichfuß sofort mitgegangen – und hatte den Butterblumensaft total vergessen.
»Entschuldige dich beim Urgroßvater wegen deiner Schusselei«, schimpfte die Mutter, »und versprich ihm, daß du den Saft gleich morgen früh besorgen wirst. Und nun ab ins Bett mit dir!«
Schleichfuß trippelte aufgeregt zum Urgroßvater.
»Es tut mir leid«, sagte er mit leiser Stimme, »ich wollte den Saft wirklich nicht vergessen! Ich weiß, daß du ihn dringend brauchst. Aber ich habe Leichtfuß getroffen . . . und . . . und . . . aber gleich morgen früh hole ich den Saft!«

Eile-mit-Weile bewegte langsam seine schmerzenden Hinterbeine und zwinkerte seinem Urenkel zu. Dann sagte er ernst:

»Ja, ja, keine Ausdauer, keine Konzentration! Einmal hier, einmal da – und im nächsten Augenblick schon wieder woanders. Das ist die Jugend von heute: gedankenlos wie Kaninchen!«

»Gedankenlos wie Kaninchen?« Schleichfuß witterte eine Geschichte.

Eile-mit-Weile seufzte.
»Ins Bett mit dir, ich werde es dir erzählen!«
Schleichfuß gehorchte sofort und spitzte die Ohren.

»In einem Hasenbau lebten einmal vier Hasen: Stummelchen, Hops, Hüpf und Langohr. Jeden Morgen schickte die Hasenmutter sie zur Schule. Dort las der alte Schulmeister Weise aus den Büchern vor. Die Schüler mußten das Gelernte hersagen. Doch eines Tages, als es wieder Zeit war, zur Schule zu gehen, drehte sich Stummelchen um und sagte zur Mutter:
›Wir sind zu alt, um immer noch in die Schule zu gehen. Von heute an machen wir, was wir wollen!‹
Die Mutter zupfte aufgeregt an ihren Ohren.
›Nun ja, ich nehme an, daß ihr alt genug seid. Aber vergeßt nicht, was ihr bei Lehrer Weise gelernt habt!‹
›Ja, Mutter‹, versprachen Stummelchen, Hops, Hüpf und Langohr. ›Wir werden immer daran denken.‹
Und dann sagten sie noch einmal jenen Vers auf, den Lehrer Weise ihnen immer wieder zur Mahnung gesagt hatte:

›Die Bücher, die sind wahr und gut
und zeigen, wie man leben soll.
Man lernt nur gute Sachen draus
und treibt die schlechten Sitten aus.‹

›Fort mit euch!‹ sagte die Mutter. ›Und vergeßt nicht: Lehrer Weise möchte einmal stolz auf euch sein können!‹
Die vier jungen Hasen hüpften davon, jagten den Schwänzen der anderen nach, liefen hinter dem eigenen Schatten her oder spielten mit einer vorbeisummenden Hummel, bis sie müde waren, müde und hungrig.
›Das ist doch viel besser als Schule‹, bemerkte Hüpf ganz außer Atem. ›Was gibt's denn zum Mittagessen?‹
In diesem Augenblick erschien Stummelchen und zog einen großen Kopfsalat hinter sich her?
›Wo hast du den denn her?‹ riefen die anderen fast einstimmig.
›Vom Feld des Bauern‹, antwortete Stummelchen stolz.
›Aber‹, entgegneten die anderen, ›Lehrer Weise hat doch gesagt, daß Stehlen Unrecht ist.‹

›Oh je‹, rief Stummelchen und fuhr sich mit den Pfoten über die Schnauzhaare. ›Das habe ich glatt vergessen! Aber es ist herrlicher Salat! Kommt her und seht ihn euch an!‹

Und damit machten sich er und Hops auch schon über den Salat her. Langohr jedoch begnügte sich mit ein paar Löwenzahnblüten, die in der Nähe wuchsen. Nach dem Essen spielten sie Hakenschlagen und Verstecken . . . und dabei verloren sie Hops. Stummelchen hatte sich unter den Ästen einer niedrigen Hecke versteckt, und Hüpf und Langohr hatten ihn auch bald gefunden. Von Hops hingegen war nirgends etwas zu sehen.
Hops war das Feld entlang getrottet, ein wenig hinter den anderen her, denn eigentlich hatte er zum Versteckspielen gar keine rechte Lust gehabt. Da war er plötzlich auf einen alten, grauen Hasen gestoßen, der ziemlich heruntergekommen ausgesehen hatte.
›Willst du eine Möhre?‹ fragte ihn nun der alte Hase und holte zwei oder drei Möhren unter einem großen Blatt hervor, das er unter die linke Vorderpfote geklemmt hatte.
›Nimm nur‹, forderte der alte den jungen Hasen auf, ›ich habe genug davon.‹
Hops zögerte einen Augenblick. Es gab nur eine Stelle, wo Möhren wuchsen, und das war der Gemüsegarten des Bauern Ebner.
›Lehrer Weise hat gesagt, daß Stehlen Unrecht ist‹, platzte er heraus. Der alte Hase schaute einen Augenblick ärgerlich auf Hops.
›Lehrer Weise hat gesagt, Lehrer Weise hat gesagt – du bist doch wohl alt genug, um tun und lassen zu können, was du willst, oder? Kümmere dich nicht dauernd darum, was Lehrer Weise gesagt hat. Oder magst du keine Möhren?‹
Dumme Frage! Natürlich mochte Hops Möhren, und deshalb nickte er nun auch.

›Na, dann nimm sie doch! Sie verfaulen sonst noch im Gemüsegarten, weil sie nicht rechtzeitig geerntet werden. Mach schon!‹

Und damit drückte der alte Hase Hops die Möhren in die zitternden Pfoten.

›Na denn, tschüß!‹ Der Alte war blitzschnell verschwunden.

Hops fand die anderen bald und teilte die Möhren mit Stummelchen und Hüpf, doch Langohr wollte nichts von den gestohlenen Möhren haben. Stehlen war Un-

recht, hatte Lehrer Weise gesagt. Langohr hoppelte nach Hause und nahm sich noch einmal die Bücher vor, um sie sorgfältig zu studieren, damit er auch nichts vergaß von dem, was darin stand.
Tage und Wochen vergingen. Im Hasenbau häuften sich die schlechten Nachrichten. Hüpf war seit Tagen nicht mehr gesehen worden. Ein durchreisender Hase hatte der Mutter berichtet, daß sich Hüpf den ›Roten Räubern‹ angeschlossen habe, einer Bande, die hinter den wöchentlichen Plünderungen in Bauer Ebners Gemüsegarten steckte. Die ganze Familie weinte an jenem Abend bittere Tränen, denn jeder wußte, daß Hüpf nie wieder zurückkehren würde.
Doch es kam noch schlimmer. Derselbe Hase brachte an einem Oktobermorgen die schlechte Nachricht. Stummelchen war erwischt worden. Er hatte vergessen, daß Lehrer Weise gemahnt hatte: ›Setz deine Pfoten nie dort hin, wo schon andere vor dir gegraben haben.‹ Stummelchen, wie gesagt, hatte diese Ermahnung vergessen. Er hatte in Frau Ebners schönstem Blumenbeet gegraben. Ein paar Sekunden später hatte er in einem riesigen Netz gezappelt, aus dem er nicht wieder entkommen konnte. Was mit ihm geschehen war – niemand mochte daran denken; es war einfach zu furchtbar!
Auch Hops trieb sich jetzt immer häufiger irgendwo herum und dachte kaum noch an das, was er bei Lehrer Weise gelernt hatte.
Doch Langohr studierte eifrig seine Schulbücher. Er wurde ein angesehener Hase. Eines Tages klopfte es an der Tür. Als Langohr öffnete, stand Lehrer Weise vor ihm. Er war grau um die Ohren geworden, aber immer noch stattlich und würdevoll.

›Langohr‹, begann er feierlich, ›ich denke, es ist Zeit für mich, daß ich mich von der aufreibenden Arbeit zurückziehe. Meine Augen sind schwach geworden, und ich höre auch nicht mehr so gut wie früher. Ich möchte, daß du an meine Stelle trittst.‹ So wurde also Langohr der Lehrer und Anführer der Hasen.«

Eile-mit-Weile steckte behutsam das Blatt zurück in seinen Panzer. Dann blickte er seinen Urenkel ernst an.

»Weißt du auch, mein Junge, was mit den anderen geschah?« fragte er Schleichfuß.
»Ja, Urgroßvater, und ich werde auch nie wieder etwas vergessen, ehrlich! Gleich morgen früh werde ich den Butterblumensaft für dich holen, und zwar besonders starken.«
»Butterblumensaft, paaahh!« Eile-mit-Weile schien diese Medizin nicht übermäßig zu lieben.
»Die Bücher! Darauf kommt es an im Langen Lauf! Vergiß nie die Bücher! Nicht, daß ich den Butterblumensaft nicht schätzte, aber . . .«

Als Eile-mit-Weile merkte, daß sein Urenkel ein wenig verschmitzt guckte, kroch er schnell davon, um seine Wärmflasche zu holen.

Kennst Du die Geschichte, die Jesus einmal von einem Bauern erzählte, der seinen Samen aussäte? Einiges fiel auf den Weg, und die Vögel fraßen es. Einiges fiel auf steinigen Boden, und die Pflanzen starben, weil sie nicht genügend Wasser hatten. Einiges fiel unter die Dornen und unter das Unkraut; die Pflanzen erstickten darin. Doch einiges von dem Samen fiel auch auf guten Boden, und die Pflanzen gediehten prächtig und trugen viele Früchte.
Der Samen ist wie das Wort Gottes. Einige von uns hören es und vergessen es gleich wieder – wie Stummelchen. Andere hören es, aber sie gehorchen dem Wort nicht – wie Hops. Wieder andere hören es, denken aber, daß es andere und wichtigere Dinge gibt – wie Hüpf. Doch einige von uns hören es und gehorchen ihm – wie Langohr. Das sind die Kinder Gottes.
Es ist manchmal schwer, Jesus nachzufolgen und seinem Wort zu gehorchen. Aber es lohnt sich immer.
Was tat Langohr, damit es für ihn leichter wurde, die Worte von Lehrer Weise nicht zu vergessen?

Die Geschichte von den beiden Schildkröten

»Heute abend geht's früh ins Bett«, verkündete die Mutter von Schleichfuß und händigte die Wärmflaschen aus. Eile-mit-Weile wollte nämlich am nächsten Tag zu seinem Maulbeerbaum zurückkehren. Schleichfuß sollte ihn begleiten und eine Extraflasche Butterblumensaft tragen.

Für Geschichten war an diesem Abend keine Zeit. Doch Schleichfuß nahm sich vor, den Urgroßvater am nächsten Tag zu überreden, ihm wenigstens noch eine letzte Geschichte zu erzählen.

Am anderen Morgen machten sie sich rechtzeitig auf den Weg. Eile-mit-Weiles Rheumatismus war viel besser geworden, so daß sie den alten Maulbeerbaum schon um die Mittagszeit erreichten.

»Bitte, Urgroßvater . . .«

Eile-mit-Weile hob einen Fuß und gebot Schweigen.

»Nach dem Essen«, sagte er ernst und legte den Schlüssel außer Reichweite.

»Nun«, sagte er nach einer halben Stunde und leckte den Rest Butterblumensaft von seinen Lippen, »ich denke, jetzt ist es Zeit für eine Geschichte über Schildkröten.«

Schleichfuß machte es sich gemütlich, und dann ging's los.

»Es waren einmal zwei Vettern. Sie hießen Mieses-Gesicht und Immer-Vergnügt. Sie waren so unterschiedlich wie Tag und Nacht. Niemand wollte glauben, daß sie Vettern waren. Und sie stritten sich immer – zumindest suchte Mieses-Gesicht dauernd Streit. Immer-Vergnügt aber machte sich nichts daraus. Doch das machte Mieses-Gesicht nur noch wütender. Am meisten stritten sich die beiden über ihre Panzer.
›Wir haben ihn, damit wir ihn gebrauchen‹, pflegte Mieses-Gesicht zu sagen. ›Regnet es – nichts wie rein in den Panzer; kommt unerwünschter Besuch – rein in den Panzer; will ich meine Ruhe haben – rein in den Panzer.‹
›Du weißt ja gar nicht‹, entgegnete Immer-Vergnügt, ›was du alles verpaßt. Ist es nicht wunderbar, die leichten Regentropfen auf der Nase zu spüren und liebe Gäste willkommen zu heißen?!‹
›Liebe Gäste! Paahh!‹ Mieses-Gesicht machte seinem Namen wieder einmal alle Ehre.
Diese Streitereien wären wohl noch eine Weile so

weitergegangen, wenn nicht die Sache mit dem Schmetterling gewesen wäre.
Es war ein heißer Junitag. Es war nicht nur heiß, sondern eine Gluthitze. Mieses-Gesicht ruhte sich unter einem Brombeergebüsch aus. Nur seine Nasenspitze guckte aus dem Panzer heraus. Trotzdem sah er den Schmetterling heranfliegen. Seine Flügel schlugen nur langsam in der lähmenden Hitze, und er torkelte von einer auf die andere Seite.
›Oh, Herr Mieses-Gesicht‹, keuchte er und ließ sich schwer auf einem Ast des Brombeergebüschs nieder, ›retten Sie mich, verstecken Sie mich! Wenn mich mein böser Onkel erwischt, wird er mich schlagen und verhungern lassen. Diese Hitze bringt mich um. Oh, er ist nicht mehr weit weg. Bitte, Herr Mieses-Gesicht, bitte, bitte!‹

Die Zweige zitterten, als der Schmetterling verzweifelt hin und her flatterte.
Nicht daß Mieses-Gesicht taub gewesen wäre, aber er hatte gerade einen wunderschönen Traum, und er mochte die Schmetterlinge nicht, diese dummen, flatterhaften Dinger. Sie redeten ununterbrochen. Und überhaupt war es viel zu heiß, um sich zu rühren. Langsam, ganz langsam zog er seine Nase in seinen Panzer zurück und lag bewegungslos da. Der Schmetterling taumelte ein paarmal über ihn hinweg.
›Oh, er schläft, und ich kann nicht lauter rufen! Was soll ich bloß tun?‹
Mühsam flog er weiter. Seine braunen Flügel bewegten sich nur noch schwer. Plötzlich verließen ihn seine Kräfte, und er stürzte zu Boden.
Nicht weit von ihm lag Immer-Vergnügt neben einem großen runden Stein und sonnte sich. Da er stets seine Augen und Ohren offen hielt, weil er immer dachte, er könnte irgend etwas verpassen, sah er jetzt auch den Schmetterling. Sofort kroch er zu ihm. Zuerst dachte er, er sei tot, doch ein schwaches Zittern der Flügel belehrte ihn eines Besseren.
›Was ist los, Frau Schmetterling?‹ fragte er. Er mußte sehr nahe an sie herankriechen, um sie verstehen zu können.
›Böser Onkel – kommt – schlägt mich – Brot und Wasser – nicht mehr weit . . .‹
›Kommen Sie‹, sagte Immer-Vergnügt, ›Sie können unter meinen Panzer kriechen. Hier! Warten Sie, ich helfe Ihnen. So ist's recht. Ich fürchte, besonders viel Platz finden Sie da nicht, aber es dauert ja nicht lange.‹

Der Schmetterling rappelte sich sofort auf und flatterte mit letzter Kraft unter Immer-Vergnügts Panzer. Es gab zwar kaum genug Platz zum Atmen, doch hier würde niemand Frau Schmetterling finden. Endlich war sie in Sicherheit!
Immer-Vergnügt berichtete ihr über jeden vorüberfliegenden Schmetterling, um sicher zu sein, daß es nicht der böse Onkel war. Von Zeit zu Zeit gab er ihr ein wenig Holundersaft. Plötzlich flog ein großer, grimmig aussehender Schmetterling vorbei.
›Das ist er!‹ flüsterte Frau Schmetterling, als ihr Immer-Vergnügt den Falter beschrieb.
›Die Gefahr ist vorbei, Sie können wieder herauskommen!‹
Immer-Vergnügt zog seine Schultern ein wenig ein, damit der Schmetterling herauskriechen konnte. Als sich Immer-Vergnügt nun den Schmetterling betrachtete, glaubte er seinen Augen nicht zu trauen. Entweder war es der Holundersaft, oder es lag daran, daß Frau Schmetterling so lange unter dem Panzer gelegen hatte: ihre Flügel waren nicht mehr hellbraun, sondern schillerten in den schönsten Farben, in rot, orange, gelb und schwarz.

›Was ist los?‹ wunderte sich der Schmetterling, als er Immer-Vergnügt so verdutzt sah. ›Bin ich sehr verknittert?‹

›Gehen Sie mal, und betrachten Sie sich selbst‹, schlug Immer-Vergnügt vor.

Frau Schmetterling flog zum Bach und war sprachlos.

›Wer – – was – – bin ich das wirklich?‹

Immer-Vergnügt nickte.

›Ich bin ja wunderschön! Mein böser Onkel wird mich nie erkennen. Oh, vielen Dank, Herr Immer-Vergnügt!‹

Und damit flog Frau Schmetterling überglücklich davon.

Unterdessen hatte Mieses-Gesicht die ganze Zeit mit geschlossenen Augen vor sich hin geträumt und damit nicht mitbekommen, daß ein Schmetterling verwandelt wurde.«

Eile-mit-Weile legte das Blatt zurück in seinen Panzer, verschloß ihn wieder und hängte den großen Schlüssel zurück an den Maulbeerbaum.
»Du hast deinen Panzer nicht zufällig«, sagte er nun mit ernsten Gesicht zu seinem Urenkel. »Sei stets darauf bedacht, daß du ihn richtig verwendest.«
»Ja, Urgroßvater«, versprach Schleichfuß. »Eines Tages werde ich in meinem Panzer viele Geschichten haben – ebensoviele wie du, Urgroßvater.«

Jesus erzählte eine Geschichte von drei Knechten. Ihr Herr gab jedem von ihnen Geld. Der erste bekam sehr viel Geld, der zweite ziemlich viel und der dritte nur ein wenig. Die beiden ersten Knechte arbeiteten mit ihrem Geld, das heißt sie gebrauchten es, um noch mehr Geld zu verdienen. Doch der dritte Knecht versteckte sein Geld. Mit den beiden ersten Knechten war der Herr zufrieden, doch über den dritten war er sehr zornig.

Gott hat uns bestimmte Fähigkeiten und Begabungen geschenkt. Vielleicht bist Du musikalisch, oder Du kannst gut mit Babies umgehen, oder Du kannst gut lesen. Gott will nicht, daß Du Deine Gabe versteckst. Du sollst sie gebrauchen!

Mieses-Gesicht gebrauchte seinen Panzer – aber für wen? Und Immer-Vergnügt?